LA MYTHOLOGIE
LES AVENTURES DES DIEUX

Nous remercions Véronique Schiltz
d'avoir bien voulu participer
à l'élaboration de cet ouvrage.

ISBN 2 227 70427 6
© Editions du Centurion, 1991
41, rue François Ier, 75008 PARIS

LA MYTHOLOGIE
LES AVENTURES DES DIEUX

Texte de Laura Fischetto
avec la collaboration de
Sylvie Coyaud
Illustrations de Letizia Galli

CENTURION

Préface

Depuis les temps les plus reculés, presque tous les peuples de la terre ont inventé des histoires merveilleuses pour raconter les aventures de leurs dieux. Les Grecs surtout, par la voix de leurs poètes et dans leur art, nous ont laissé un immense patrimoine mythologique. « Mythe » vient d'ailleurs d'un mot grec qui signifie parole, belle histoire.

Ces extraordinaires « belles histoires » sont très nombreuses et les poètes ont souvent interprété, chacun à sa manière, un même récit.

Nous avons voulu raconter la mythologie grecque en commençant par le début : la naissance mystérieuse et silencieuse des dieux d'avant la génération des Olympiens. Et présenter ensuite les principaux habitants de l'Olympe et leurs enfants les plus célèbres.

Ces histoires sont encore plus anciennes que nos contes de fées, et bien plus fantastiques. Quand on parle de mythologie, en effet, il faut se rappeler que dans le monde des dieux tout est permis. Permis aux dieux, bien sûr !

Il ne s'agit pas de les juger : nous pourrions les trouver mesquins ou fragiles, et nous étonner du respect que leur manifestaient les peuples de l'Antiquité. Il vaut mieux se laisser aller au charme de ces récits, dans lesquels les hommes ont donné libre cours à leur imagination.

Chaos

Ici commence l'histoire des dieux.
Elle commence en des temps si reculés et si lointains que personne ne s'en souvient.

Au début, il n'y a qu'un dieu, un vide sans forme ni couleur, et ce dieu solitaire s'appelle Chaos. Immobile et silencieux, il attend que l'histoire commence.

Rien ne se passe pendant longtemps. Mais par Chaos enfin quelque chose va naître.

"Donc avant tout fut Chaos..."
Hésiode, *Théogonie,* 116.

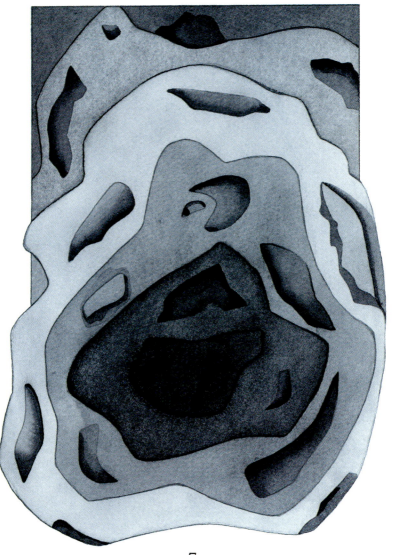

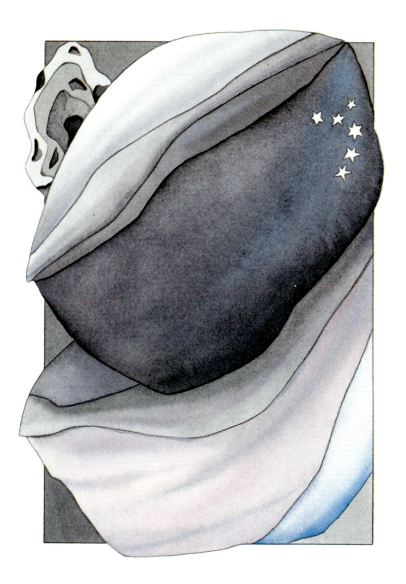

Érèbe
Nuit-Jour

Chaos fait naître Érèbe, l'ombre du soir, qui le quitte aussitôt pour partir à la recherche d'un endroit où habiter.

L'obscurité devient encore plus sombre et Nuit apparaît, profonde et noire ; elle abrite tous les secrets et tous les mystères.

Et Nuit donne naissance à un enfant étrange, qui ne lui ressemble pas : Jour, le lumineux, avec qui tout devient clair.

"De Chaos naquirent Érèbe et la noire Nuit.
Et de Nuit sortirent Éther et Jour
qu'elle conçut et enfanta."
Hésiode, *Théogonie,* 123-125.

Sommeil
Mort-Rêves

Dans l'obscurité profonde, Nuit a trouvé un refuge pour ses autres enfants. Sommeil est celui qui est sympathique à tout le monde, car il offre le repos à ceux qui sont fatigués. Mort, au contraire, effraie, et l'on préfère ne jamais la rencontrer.

Et puis il y a les Rêves, tous différents les uns des autres.

Pendant ce temps, Chaos continue à créer, parce que l'histoire doit bien se dérouler.

"Nuit enfanta l'odieuse Mort
et la noire Kère et Trépas.
Elle enfanta Sommeil
et avec lui toute la race des Rêves."
Hésiode, *Théogonie,* 210-211.

Gaïa

 Chaos a créé Gaïa. Aussi grande que la terre, c'est la première déesse que l'on peut voir et toucher.

Gaïa repose, calme et seule, dans l'univers immense : elle écoute les chuchotements de Nuit et les bavardages de Jour.

Personne ne l'a vu, personne ne l'a entendu, pourtant Éros, l'invisible désir, vient de naître. Quand il parle, personne ne l'entend, et pourtant tous éprouvent le désir de tomber amoureux.

"Gaïa aux larges flancs,
séjour sûr pour tous les Immortels,
maîtres des cimes de l'Olympe neigeux..."
Hésiode, *Théogonie,* 117-118.

Ouranos

Gaïa commence à se sentir bien seule. Mais les dieux savent se consoler quand ils sont malheureux : Gaïa se prépare un beau mari, aussi grand que le ciel, et elle lui offre de blancs coussins de nuages.

Ce nouveau dieu s'appelle Ouranos et il est très heureux d'épouser Gaïa.

"Gaïa d'abord enfanta Ouranos l'étoilé,
capable de la couvrir tout entière,
séjour sûr à jamais pour les dieux bienheureux..."
Hésiode, *Théogonie,* 126-128.

Pontos

 Ouranos est bien installé sur ses coussins blancs pendant que Gaïa se pare de bijoux. Ses colliers sont de hautes montagnes.

Pour se rafraîchir, elle s'entoure d'un

océan d'eau profonde. Il se nomme Pontos. Ce dieu vêtu de vagues coulera pour toujours autour de Gaïa.

> "Elle enfanta les hautes montagnes...,
> puis, sans tendresse, le flot stérile
> aux furieux renflements : Pontos..."
> Hésiode, *Théogonie,* 129-131.

Nérée

Aussi grand que le ciel, Ouranos paresse. Pendant ce temps-là, Pontos s'amuse à inventer des créatures qui aiment vivre dans la mer et qui savent nager.

Parmi elles se trouve Nérée, qui dès sa naissance semble déjà très vieux : il sait parler aux poissons et se faire écouter des vagues.

Le bon Nérée aura de très belles filles, les Néréides qui inventeront pour la mer des jeux amusants.

"Pontos engendra Nérée…, l'aîné de ses enfants.
Loyal et bénin à la fois,
jamais il n'oublie l'équité… De Nérée naquirent
des filles, enviées entre les déesses…"
Hésiode, *Théogonie,* 233-236, 240.

Les Titans

 Gaïa est maintenant heureuse et fière, car elle a donné naissance à six enfants grands et forts : les Titans. Chacun d'entre eux a un très beau nom.

Mais Ouranos ne veut même pas les voir : il s'empresse de les cacher au creux de la terre, dans les profondeurs de la grande Gaïa, pour ne plus entendre parler d'eux.

"Des embrassements d'Ouranos,
elle enfanta Pontos aux tourbillons profonds,
Coïos, Érios, Hypérion, Japet..."
Hésiode, *Théogonie,* 133-134.

Les Titanides

Lorsque Gaïa met au monde six superbes filles, elle veut les faire admirer à son mari. Mais Ouranos, le ciel, s'assombrit et il pousse violemment ses filles là où il a déjà caché ses fils, les Titans.

Gaïa a de la peine, elle sait que là-bas, au fond des cavernes, tous ses enfants sont très malheureux.

"Théia, Rhéa, Thémis et Mnémosyne, et Phoibé
couronnée d'or et l'aimable Thétys.
Le plus jeune après eux, vint au monde
Cronos, le dieu aux pensers fourbes."
Hésiode, *Théogonie,* 135-136.

Les Cyclopes

Gaïa ne se résigne pas. Elle met au monde trois autres fils vraiment extraordinaires, les Cyclopes, que rien n'effraie, pas même le feu.

Ils n'ont qu'un seul œil, grand ouvert au milieu du front, avec lequel ils peuvent contempler leur mère, qui les chérit, et leur père, immense et redoutable.

Mais Ouranos n'a toujours pas changé d'avis. Bien vite, les Cyclopes rejoignent leurs aînés, les Titans et les Titanides.

Et Gaïa reste seule avec son chagrin.

"C'étaient des fils terribles et leur père
les avait en haine depuis le premier jour.
A peine étaient-ils nés,
qu'il les cachait tous dans le sein de Gaïa."
Hésiode, *Théogonie,* 154-157.

La faux

L'histoire se poursuit et recommence toujours.

Gaïa aime ses enfants, mais son mari ne peut les supporter.

Ouranos est méchant, et Gaïa, pour le punir, devient plus méchante que lui.

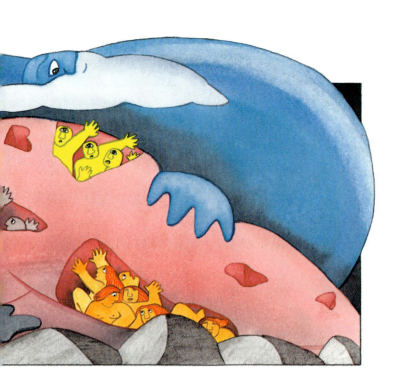

En cachette, elle prépare une faux à la lame tranchante. Une faux aussi féroce risque de lui faire très mal.

"Gaïa imagine alors une ruse perfide et cruelle.
Elle fait une grande serpe,
puis s'adresse à ses enfants..."
Hésiode, *Théogonie,* 159-163.

Cronos

En parlant tout bas pour ne pas réveiller Ouranos, qui ne doit rien savoir, Gaïa appelle ses enfants : vite, très vite, elle doit leur expliquer ce qu'elle attend d'eux, vite, très vite, ils doivent la comprendre.

Cronos, le plus courageux, se déclare prêt à punir son père, Ouranos le cruel. C'est à lui que Gaïa remet la faux qu'il serre maintenant dans son poing.

"Le grand Cronos réplique en ces termes
à sa noble mère : C'est moi, mère,
je t'en donne ma foi, qui ferai la besogne..."
Hésiode, *Théogonie,* 168-170.

L'embuscade

Jour s'en est allé, Nuit survient avec son fils Sommeil et le silence s'installe.

Avant de fermer les yeux et de s'endormir, Ouranos, qui ne sait pas ce qui va lui arriver, veut embrasser Gaïa, son épouse.

C'est alors que son fils Cronos lève sa faux aiguisée et blesse Ouranos qui ressent une terrible douleur.

"Et le grand Ouranos vint,
amenant la nuit et enveloppant Gaïa.
Mais le fils saisit la longue serpe
aux dents aiguës..."
Hésiode, *Théogonie,* 176-181.

Les Géants

Mais le sang d'Ouranos est particulier : les gouttes qui tombent sur Gaïa donneront naissance à d'autres créatures extraordinaires, les Géants. Nul ne peut imaginer des êtres plus grands.

Avec leurs longues jambes, ils franchissent des montagnes, et dans leurs mains énormes ces montagnes ressemblent à des petits cailloux.

"Des éclaboussures sanglantes avaient jailli ;
Gaïa les reçut toutes et elle en fit naître
les puissantes Erinyes,
et les grands Géants aux longues javelines."
Hésiode, *Théogonie,* 183-186.

Aphrodite

Et l'histoire se poursuit.
Après tant de cruauté, enfin un merveilleux sourire. De l'écume de la mer, là où est tombée une partie d'Ouranos blessé, naît la plus belle des déesses : Aphrodite.

La beauté s'est enroulée à ses cheveux, a illuminé ses yeux et l'a conçue parfaite, du bout du nez à la pointe des pieds, sans rien oublier.

"Quant aux bourses,
à peine les eut-il tranchées avec l'acier
et jetées de la terre dans la mer
au flux sans repos, qu'une fille se forma."
Hésiode, *Théogonie,* 188-192.

Chypre

Pour sortir de l'eau, Aphrodite cherche un lieu sec et accueillant. Elle trouve une île appelée Chypre.

A peine Aphrodite y aborde-t-elle que l'île veut se faire belle, elle aussi. En effet, depuis que la beauté est apparue sur terre, le monde entier veut être beau.

L'île de Chypre se couvre alors d'une belle herbe verte, souple sous les pieds de la belle Aphrodite.

"De Cythère, elle fut à Chypre ;
et c'est là que prit terre la déesse
qui faisait sous ses pieds légers croître le gazon,
Aphrodite au front couronné..."
Hésiode, *Théogonie,* 192-196

Mariage

Depuis que les Titans ont été délivrés grâce au courage de Cronos, c'est à lui qu'ils doivent obéissance. Cronos règne donc sur tous ses frères et sœurs, et quand il décide de se marier, il choisit la plus belle d'entre elles : Rhéa.

Mais Cronos a un souci, une idée en tête qu'il ne réussit pas à oublier ; il sait quelque chose, et cela le tourmente.

"Rhéa subit la loi de Cronos
et lui donne de glorieux enfants,
Hestia, Démèter, Héra, Hadès, Poséidon…"
Hésiode, *Théogonie,* 453.

Le dévoreur

Une mauvaise surprise attend Rhéa et ses premiers enfants. Ouranos avait averti Cronos que plus tard, lorsqu'il aurait des enfants, l'un d'entre eux risquerait de prendre sa place. C'est pourquoi Cronos est si inquiet. Au lieu d'enfouir ses enfants dans la terre, comme l'avait fait Ouranos, il les cache au plus profond de son ventre : il les mange l'un après l'autre.

Rhéa ne sait comment les sauver.

"Cronos les dévorait, dès l'instant
où chacun d'eux descendait du ventre sacré
de sa mère. Il savait que son destin
était de succomber un jour sous son propre fils."
Hésiode, *Théogonie*, 459-460, 463-464.

Zeus

 Le règne de Cronos se poursuit. Rhéa demande à sa mère de l'aider, car Gaïa trouve toujours des solutions aux problèmes difficiles. Elle conseille à Rhéa d'emmener son dernier-né dans une caverne très éloi-

gnée pour que Cronos ne puisse le dévorer.
Le nom de cet enfant est Zeus.

"Rhéa supplia ses parents, Gaïa et Ouranos étoilé,
de former avec elle un plan
qui lui permît d'enfanter son fils en cachette."
Hésiode, *Théogonie,* 467-472.

La pierre

Sans savoir que, grâce à la ruse de Gaïa, Rhéa s'apprête à le tromper, Cronos attend.

Quand son épouse arrive, elle serre quelque chose dans ses bras, et Cronos pense que Rhéa lui apporte Zeus, son dernier-né, pour qu'il puisse le manger.

Mais Rhéa ne lui a apporté qu'une pierre, emmaillotée comme un bébé, et Cronos, satisfait, l'avale.

"Entourant de langes une grosse pierre,
elle la remit au premier roi des dieux,
qui la saisit de ses mains
et l'engloutit dans son ventre, le malheureux !"
Hésiode, *Théogonie,* 485-488.

Amalthée

 Entre-temps, dans la caverne où Rhéa l'a caché, le petit Zeus a trouvé des abeilles et d'autres amis qui lui tiennent compagnie. Pour qu'il devienne grand et fort, la chèvre Amalthée lui donne à boire son bon lait frais.

Zeus peut rire, pleurer et crier comme tous les petits enfants, sans que son père Cronos l'entende, car dès qu'il ouvre la bouche, les Courètes – de grands amis de sa mère – crient et tapent sur leurs boucliers, et font ainsi un fracas énorme qui couvre tous les bruits de l'univers.

"C'était la plus belle chèvre des troupeaux crétois,
aux mamelles dignes de la nourrice de Zeus."
Hésiode, *Théogonie,* 117-120.

Les frères

Comme les dieux grandissent vite, Zeus est bientôt assez grand pour aller délivrer ses frères, qui sont restés bien sagement dans le ventre de Cronos.

Zeus part donc à la rencontre de son père, et Cronos a si peur de lui qu'il n'ose lui tenir tête.

Zeus lui fait boire une potion infecte. Cronos la recrache aussitôt, avec une telle violence que de sa bouche ressortent tous les enfants qu'il avait avalés.

Les frères de Zeus sont heureux d'être enfin libres et de pouvoir s'en aller.

"Le grand Cronos aux pensers fourbes
recracha tous ses enfants,
vaincu par l'adresse et la force de son fils."
Hésiode, *Théogonie*, 492-496.

La Titanomachie

Les Cyclopes, fils d'Ouranos, sont amis de Zeus. Ils lui ont fait cadeau du feu et des éclairs.

Les fils ne sont pas tous satisfaits de ce nouveau dieu qui commande les autres. La guerre est épouvantable : il y a du

feu, de la fumée, des cris.
　　Mais personne ne peut battre Zeus.

> "Un souffle brûlant enveloppait les Titans,
> fils du sol, tandis que la flamme montait,
> immense, vers la nue divine."
> Hésiode, *Théogonie,* 695-697.

Typhon

La femme d'Ouranos, Gaïa, qui est aussi la mère des Titans vaincus par Zeus, veut venger ses fils. Elle crée alors Typhon, un monstre redoutable couvert de têtes de

serpents. L'effroyable Typhon ne tarde pas à être mis en déroute par l'invincible Zeus.

"Des épaules de Typhée sortaient cent têtes de serpent..."
Hésiode, *Théogonie,* 824-825.

La défaite

Pour punir ses ennemis, Zeus les fait jeter dans le Tartare, l'endroit le plus profond de l'univers. Ceux qui y tombent ignorent combien de temps ils mettront pour en toucher le fond, et lorsqu'ils y parviennent, ils savent qu'ils ne réussiront jamais à remonter.

"Une enclume d'airain tomberait de la terre
durant neuf jours et neuf nuits
avant d'atteindre le dixième jour au Tartare."
Hésiode, *Théogonie,* 722-725.

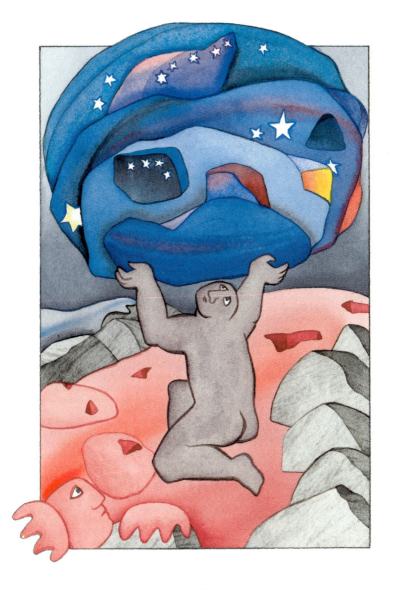

Atlas

A l'un des fils des Titans, Atlas, qui a osé se battre contre lui, Zeus a réservé une punition particulière.

Atlas est tellement fort qu'il peut soulever le ciel, aussi Zeus le condamne-t-il à le soutenir éternellement. Atlas ne devra jamais déposer son fardeau, même pour se reposer un moment.

Nul ne savait que le ciel était si lourd, car personne ne l'avait jamais porté sur ses épaules.

Désormais, Atlas aura tout le temps de se repentir d'avoir été l'ennemi de Zeus.

"Atlas soutient le vaste Ouranos,
debout, de sa tête et de ses bras infatigables :
c'est le sort que lui a départi le prudent Zeus."
Hésiode, *Théogonie,* 517, 519-520.

L'Olympe

Rien sur terre n'est assez beau pour les dieux. Alors, ils montent sur la route que les étoiles brillantes dessinent dans le ciel. C'est ainsi que Zeus, la belle Aphrodite,

Poséidon et Hadès les barbus, Démèter,
Héra et Hestia s'installent sur l'Olympe.

"Il est au-dessus de nous
une voie bien visible par ciel serein…"
Ovide, *Métamorphoses,* I, 168-171.

Hélios et Sélénè

Il y a beaucoup de travail dans l'univers immense.

Hélios s'occupe du soleil. C'est lui qui, pendant la journée, le transporte dans son chariot de feu à travers le ciel pour que ses rayons éclairent et réchauffent toute chose.

Quand Hélios a terminé son voyage, aux confins de la nuit, sa sœur Sélénè se met en route.

Elle transporte la lune silencieuse à travers l'obscurité du ciel nocturne.

Et il en va ainsi chaque jour et chaque nuit.

"Hélios qui brille pour les hommes
et les dieux, conduisant ses chevaux...
Sélénè, de sa tête immortelle
une clarté se répand sur la terre..."
Hymnes homériques XXXI, 7-9 ; XXXII, 1, 3-5.

Zeus

Seigneur du ciel

Naturellement, Zeus s'est réservé les tâches les plus amusantes. A lui, rien qu'à lui, obéiront les éclairs, la foudre, le tonnerre, les nuages, la pluie et l'orage.

Selon son humeur, il pourra toujours décider si le temps sera beau ou non.

Et puisqu'il est le plus puissant des dieux, il jettera aussi un coup d'œil sur ce que font les autres, pour être sûr que tout est bien en ordre dans le monde.

"Tout fut divisé par trois
et chacun eut sa part.
Zeus prit le ciel entre les nuées et l'éther."
Homère, *Iliade,* XV, 189-192.

Poséidon
Seigneur de la mer

Entre-temps, Poséidon, le frère de Zeus, s'est bien installé au milieu de la mer qui sera désormais son royaume.

Tandis que Zeus essaie, l'un après l'autre, tous les éclairs du ciel, Poséidon compte un à un tous les poissons de l'eau.

Chaque poisson, même s'il ne sait pas parler, saura l'écouter.

Et les vagues, sur un signe de Poséidon, caresseront, paresseuses, les petits coquillages et les écueils pointus, ou se transformeront en lames gigantesques capables de renverser un grand navire.

*"Il m'échut de vivre à jamais
dans la mer à la blanche écume."*
Homère, *Iliade,* XV, 190.

Hadès

Seigneur du monde souterrain

Hadès, le troisième des frères, a, lui aussi, un grand royaume, mais le sien est obscur, désert et silencieux.

Ici on n'entend pas rugir le tonnerre, on n'entend pas bruire les vagues, Hadès attend tout seul dans ce royaume d'outre-tombe.

Ici, aux Enfers, un jour ou l'autre, arriveront tous ceux qui ont achevé leur vie sur terre. Les bons et les méchants, les beaux et les laids, tous habiteront le royaume d'Hadès, qui ne manquera pas de compagnie.

"Et Hadès reçut l'ombre brumeuse..."
Homère, *Iliade*, XV, 191.

Les Moires

Dans un mystérieux recoin où le silence est encore plus silencieux, vivent trois étranges dames ; elles s'appellent les Moires, et filent sans jamais se fatiguer.

Chaque fil est la vie d'un homme, et chaque homme vivra sur terre jusqu'à ce que les Moires décident de couper son fil.

Une fois le fil coupé, chaque homme aura terminé sa vie sur terre, et pour lui sera venu le moment d'aller habiter là-bas au fond, dans le royaume d'Hadès.

"Et les Moires, implacables vengeresses :
Clotho, Lachésis, Atropos
qui aux hommes, lorsqu'ils naissent,
donnent soit heur ou malheur."
Hésiode, *Théogonie,* 217-218.

Le coucou

Pendant ce temps-là, tout en haut de l'Olympe, le puissant Zeus a des difficultés : Héra, qu'il a choisie pour épouse, ne veut pas se marier avec lui et refuse même de l'embrasser.

Zeus, le malin, se transforme alors en un petit coucou transi de froid. Dès qu'Héra aperçoit le coucou, si triste et si seul, elle veut le consoler et tout de suite elle le serre sur son cœur.

Les autres coucous regardent ce qui se passe, car ils aimeraient bien connaître la fin de l'histoire.

"Quand Zeus tomba amoureux
d'Héra encore vierge, il prit l'apparence de cet oiseau ;
et Héra l'attrapa pour son divertissement."
Pausanias, II, XVII, 4.

Le couple

Dès qu'Héra l'a serré dans ses bras, Zeus a repris son aspect habituel. Toute surprise, Héra s'est beaucoup amusée.

Zeus a obtenu ce qu'il voulait : Héra accepte de l'épouser, et l'Olympe s'apprête à fêter ce mariage.

Ainsi Héra règne avec Zeus sur le ciel et la terre.

"Je chante Héra au trône d'or…,
de Zeus au tonnerre profond sœur et épouse,
que tous les bienheureux du vaste Olympe
honorent à l'égal de Zeus…"
Hymnes homériques, XII 1-5.

Arès

Très vite, Zeus et Héra ont un fils, Arès, qui ne tarde pas à leur en faire voir de toutes les couleurs.

Arès est un petit guerrier, et ses hurlements retentissent dans tout l'Olympe. Nul ne parvient à le faire taire, et personne ne réussit à se faire entendre.

Même le grand Zeus, auquel obéissent pourtant la foudre et les éclairs, n'arrive pas à dompter son terrible fils.

"Arès, pourfendeur et destructeur..."
Hésiode, *Théogonie,* 934-936.

Héphaïstos

 Héra donne naissance à un autre petit dieu, mais elle le trouve si laid qu'elle n'ose pas le montrer à Zeus, son mari.

Vite, avant que ce dernier ne s'en aperçoive, elle précipite l'enfant au bas de l'Olympe.

Et le petit Héphaïstos – c'est ainsi que se nomme le nouveau-né – tombe, tombe et se fait très mal à une jambe.

"Mon fils Héphaïstos, aux pieds difformes,
que j'ai moi-même engendré,
je le pris et le jetai dans la vaste mer."
Hymnes homériques, III, 316-318.

Thétis

 Héphaïstos est tombé au fond de la mer, où il a rencontré Thétis, la Titanide qui vit là depuis toujours.

Ici, tout est magnifique, et Héphaïstos s'y sent bien. Thétis lui a appris à sourire.

Du bout de ses doigts d'eau, la mer sculpte de merveilleux coquillages. Héphaïstos voudrait bien l'imiter et créer, lui aussi, des objets précieux.

> "Et j'aurais souffert les peines de l'âme
> si Eurynome et Thétis
> ne m'avaient accueilli au sein de la mer.
> Près d'elles, pendant neuf ans,
> je forgeai des œuvres d'art..."
> Homère, *Iliade,* XVIII, 397-402.

La forge

Héphaïstos a grandi. Il est devenu un forgeron si habile que même au sommet de l'Olympe tous admirent son talent.

Dans les flammes de sa grande forge, il plie le fer, qui lui obéit docilement. Il sait fabriquer des boucliers, des lances, des plats, des épées et des casques aussi beaux que des bijoux.

"Et il jeta dans le feu le bronze inusable
et l'étain et l'or précieux et l'argent.
Il forgea d'abord un bouclier grand et lourd."
Homère, *Iliade,* XVIII, 474-478.

Héphaïstos et Aphrodite

Zeus est si fier d'Héphaïstos qu'il veut lui donner en mariage la plus belle des déesses : la superbe Aphrodite.

Stupéfait, Héphaïstos reste sans voix, et Aphrodite ne sait que dire, car Héphaïstos, le plus laid de tous les dieux, n'est pas du tout le mari dont elle avait rêvé.

"La fille de Zeus, Aphrodite,
ne daigne me regarder, moi le boiteux..."
Homère, *Odyssée,* VIII, 307-309.

La trahison

Aphrodite a épousé Héphaïstos, mais elle est si coquette qu'elle ne se contente pas d'un seul mari. Un jour, elle rencontre Arès et se laisse séduire par ses compliments.

Aphrodite et Arès s'embrassent et se plaisent. Pendant ce temps-là, la lune Sélénè traverse le ciel sans rien dire.

Ils sont encore enlacés quand arrive Hélios, le soleil. Mais Hélios, lui qui voit tout, est aussi très bavard...

"Arès aux rênes d'or,
dès qu'il vit partir Héphaïstos,
courut chez celui-ci,
glorieux, désirant l'amour de Cythère..."
Homère, *Odyssée,* VIII, 285-288.

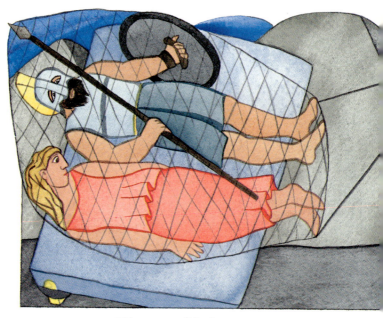

Le filet

Grâce à Hélios, Héphaïstos a su que sa femme lui était infidèle et il a décidé de la punir : il a tressé un filet aux mailles si fines qu'elles sont invisibles.

Et lorsque Arès se rend auprès d'Aphrodite la fois suivante, Héphaïstos les emprisonne, comme deux poissons pris au filet.

"Les dieux furent secoués d'un rire inextinguible"
Homère, *Odyssée,* VIII, 325-327.

Hestia

Sur l'Olympe, il se passe toujours quelque chose et chacun vaque à ses occupations. Pourtant, quelqu'un reste toujours à la maison. C'est Hestia.

Hestia qui ne peut accepter aucune invitation ni se marier, car elle est la seule à savoir entretenir le foyer de l'Olympe, un feu sacré qui ne doit jamais s'éteindre.

Hestia a tellement à faire qu'elle ne s'est même pas aperçue que Zeus, aujourd'hui, ne vas pas très bien ; il a des maux de tête pénibles que personne ne réussit à soigner.

*"O Hestia, toi qui vis à jamais
dans les demeures sublimes
de tous les dieux immortels
et de tous les hommes..."*
Hymnes homériques, XXIX, 1-4.

Athèna

Zeus a appelé Héphaïstos à son secours, et Héphaïstos l'a aidé. D'un coup net, il lui a ouvert la tête pour en faire s'échapper la douleur. Et de la tête de Zeus, dans le cliquetis de ses armes, est sortie une jeune guerrière.

Zeus n'a plus mal à la tête. Mais il a une nouvelle fille, forte et courageuse, qui s'appelle Athèna.

"Et tout seul, de son front,
il donna le jour à Athèna aux yeux pers,
déesse qui se plaît aux clameurs,
aux guerres, aux combats"
Hésiode, *Théogonie,* 924-926.

Léto

Elle en connaît, Sélénè, des choses secrètes. Elle sait que pendant le sommeil d'Héra, Zeus tombe parfois amoureux de belles jeunes filles parentes des dieux.

C'est ainsi qu'il a connu Léto, une fille de Titans, belle comme la nuit, quand la nuit est belle et étoilée.

Mais lorsque Héra s'est réveillée, elle a chassé de l'Olympe la belle Léto. Héra est la femme de Zeus et elle ne supporte pas que son mari en aime une autre.

"Léto seule resta calme,
au côté de Zeus,
seigneur de la foudre."
Hymnes homériques, III, 5.

Délos

 Après avoir parcouru le monde entier à la recherche d'un abri, Léto arrive enfin à l'île de Délos, qui accepte de l'accueillir.

Elle entoure un palmier de ses bras, et bientôt deux enfants viennent au monde.

La nuit se tait et les étoiles restent en attente de deux nouveaux fils de Zeus.

"Léto erra longtemps,
déjà souffrante pour avoir mis au monde
l'archer, jusqu'à Délos."
Hymnes homériques, III, 45-46, 49.

Les enfants

Léto est heureuse à présent, elle a eu deux jumeaux : un garçon, Apollon, et une fille, Artémis.
Comme tous les enfants des dieux, ils grandissent très vite et Léto ne se lasse pas de les regarder, tellement ils sont beaux.

Du haut du ciel, Hélios et Sélénè font cadeau de leur lumière aux jeunes dieux, pour qu'Apollon rayonne comme le soleil et qu'Artémis brille comme la lune.

"Salut à toi, bienheureuse Léto,
car tu as engendré de nobles enfants :
Apollon souverain et Artémis sagittaire."
Hymnes homériques, III, 14-15.

Artémis

Elle veut un arc et des flèches, Artémis, elle veut aussi parcourir toutes les forêts de la terre.
Les animaux apprennent vite à la reconnaître, à apprécier son courage, mais aussi à craindre ses flèches rapides.

Artémis n'aime que la chasse, elle n'a jamais le temps d'être amoureuse et elle ne veut pas se marier.

"Artémis, s'exaltant à la chasse,
tend son arc d'or
et décoche ses dards cruels."
Hymnes homériques, XVII, 4-6.

Apollon

Apollon, lui aussi, a un grand arc, et ses flèches ne manquent jamais leur cible. Il est capable de tuer les monstres qui rampent sur la terre, des monstres si effrayants que personne n'a le courage de les nommer.

Apollon, fils de Zeus, n'a peur de rien et il sait que son père est fier de sa force et de sa beauté.

"Proche était la source d'eau claire
où le dieu fils de Zeus tua de son arc puissant
le dragon qui infligeait tant de maux
aux hommes sur la terre."
Hymnes homériques, III, 300-303.

Hermès

Et l'histoire se poursuit.
Zeus, qui cette fois s'est épris de Maïa, la belle nymphe, a un nouvel enfant : Hermès. Dès sa naissance, Hermès refuse de rester tranquillement emmailloté dans ses langes. Il veut aussitôt aller voir ce qui se passe au-delà de son berceau.

Il trouve d'abord une tortue, qu'il attrape de ses petites mains, puis il poursuit son chemin.

"Il ne resta guère longtemps
dans son berceau sacré, mais en bondit
et se mit à la recherche des vaches d'Apollon.
Dehors, il trouva une tortue..."
Hymnes homériques, IV, 20-24.

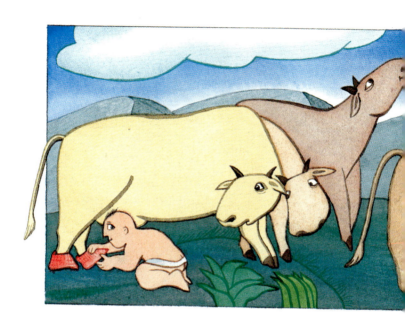

Les génisses

Il marche déjà, le petit Hermès, et il va très loin, jusqu'au pâturage où de paisibles génisses broutent une herbe savoureuse. Hermès veut ramener chez lui les génisses les plus dodues. Il enfile sur leurs sabots

des pantoufles mises à l'envers pour qu'Apollon ne puisse pas suivre leurs traces.

"Hermès arriva en courant
sur les monts ombragés de la Piérie, où les bœufs
sacrés paissaient dans les prés aimables."
Hymnes homériques, IV, 68-72.

La découverte

Mais Apollon a tôt fait de découvrir le vol et le voleur. Comme si de rien n'était, Hermès joue avec la carapace de la tortue, qu'il a transformée en un étrange instrument.

Malin, il fait le bébé, et un bébé, ça ne sait pas marcher. Apollon ne s'y laisse pas prendre et l'accuse d'avoir volé les génisses.

"Hermès lui répondit : Fils de Léto,
qu'est-ce que ce discours sévère
que tu as prononcé ? Es-tu vraiment venu
chercher ici les vaches ? Moi, je n'ai rien vu."
Hymnes homériques, IV, 261-264.

Le jugement

Apollon veut que ce soit Zeus en personne qui gronde son nouveau fils et l'oblige à rendre les génisses volées.

Et Zeus se montre sévère et juste, parce que Hermès a fait une chose que même un dieu n'a pas le droit de faire.

Même si, sur l'Olympe, il se passe parfois des choses bizarres, dans le monde des dieux voler reste interdit.

> "Zeus ordonna que tous d'eux,
> d'un commun accord,
> se mettent à leur recherche
> et qu'Hermès indique l'endroit
> où il les avait cachées."
> *Hymnes homériques,* IV, 389, 391-394.

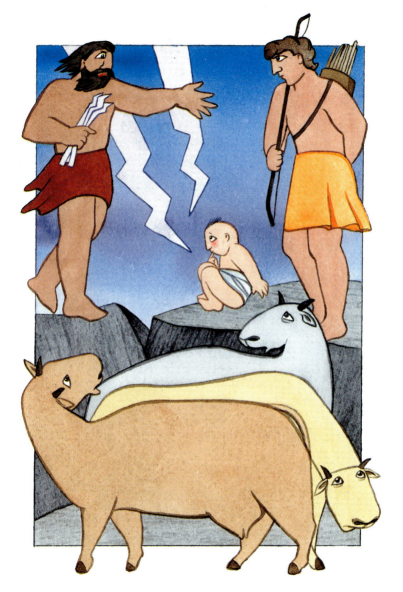

La lyre

Hermès a grandi vite, et il a su se faire pardonner. Avec la carapace de la tortue il a construit un drôle d'instrument qu'il a appelé lyre. Il joue des mélodies tendres qui enchantent tous les cœurs.

Apollon, lui, n'a qu'une seule corde à son arc, et il ne s'en sert que pour décocher les flèches. Il aimerait apprendre à jouer de toutes les cordes de l'instrument d'Hermès. Apollon veut chanter.

"Tenant la lyre sous son bras gauche,
il tâta du plectre une corde
et celle-ci émit un son prodigieux.
Rasséréné, Apollon sourit."
Hymnes homériques, IV, 418-420.

Les Muses

 Les Muses chantent et dansent. Ce sont les meilleures amies des artistes. Elles leur inspirent des poèmes ou les paroles de leurs chansons.

Quand elles s'amusent, elles sourient, et c'est le plus beau cadeau qu'un artiste puisse recevoir.

Désormais, toutes les Muses sourient à Apollon qui chante et joue pour elles.

"Grâce aux Muses,
sur la terre vivent les poètes
qui s'accompagnent à la lyre.
Heureux celui que les Muses chérissent."
Hymnes homériques, XXV, 2-5.

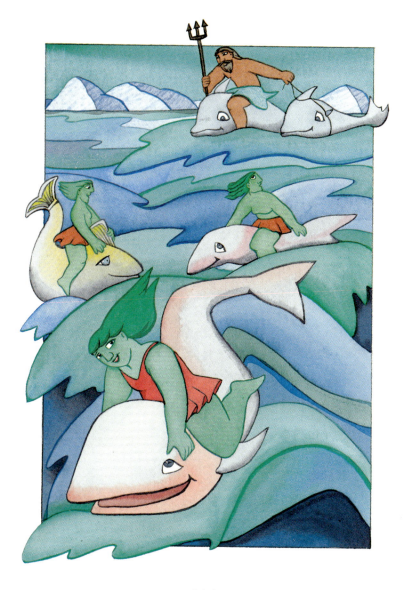

Amphitrite

C'est en pleine mer que l'histoire se poursuit.
Les vagues ont appris des mots d'amour, car le grand Poséidon est tombé amoureux.

Amphitrite, la plus belle des Néréides, joue avec ses sœurs et écoute ce que les vagues, l'une après l'autre, viennent lui raconter. Elles lui disent que c'est elle que Poséidon veut épouser.

"Les unes nagent, les autres font sécher
au soleil leurs vertes chevelures,
ni vraiment pareilles ni vraiment différentes,
comme il sied à des sœurs."
Ovide, *Métamorphoses,* II, 11.

Le dauphin

Amphitrite est timide, mais Poséidon n'a pas l'habitude d'attendre. Alors il envoie un dauphin qui bondit sur les vagues à la recherche de son épouse.

Amphitrite sera heureuse avec Poséidon. Chaque jour, tous deux choisiront pour la mer un bleu différent. Zeus, qui veut toujours tout savoir et s'occuper de tout, les observe d'en haut.

"Dans la mer,
au creux de l'onde d'Amphitrite..."
Homère, *Odyssée,* III, 91.

Triton

Sur la mer résonne désormais un son nouveau qui couvre jusqu'au tonnerre des foudres de Zeus.

C'est Triton qui souffle dans un grand coquillage pour se faire entendre de toutes les vagues, même les plus éloignées.

La mer obéit à Triton, le fils de Poséidon et d'Amphitrite.

"Poséidon appelle Triton,
lui ordonne de souffler dans sa conque sonore,
et de donner maintenant aux flots
et aux fleuves le signal de la retraite."
Ovide, *Métamorphoses,* I, 333-335.

Démèter et Corè

Démèter est une déesse douce et parfumée, car elle s'occupe de tous les champs et de tous les jardins du monde. Quand elle descend sur la terre, les fleurs s'épanouissent, les blés mûrissent et blondissent et l'herbe verdit.

Démèter parcourt la terre avec sa fille Corè, et leurs pas sont légers.

"Ô Démèter, vénérable déesse,
qui portes les moissons
et de magnifiques dons,
toi et ta fille Perséphone..."
Hymnes homériques, II, 492-493.

L'enlèvement

Hadès se sent seul dans les profondeurs silencieuses de la terre. Il cherche une épouse qui lui tienne compagnie dans ce morne royaume. Il a entendu le bruit des pas légers de Corè. Et depuis qu'il l'a vue, il est amoureux d'elle.

Hadès a de grands bras pour étreindre Corè, Hadès a de grandes mains pour attraper Corè.

"Tandis que dans ce bois
Perséphone cueillait des violettes
ou des lis blancs, elle fut aperçue,
aimée et enlevée par Hadès..."
Ovide, *Métamorphoses,* V, 391-395.

La sécheresse

Démèter appelle sa fille, mais Corè ne peut pas lui répondre. Démèter cherche sa fille sur toute la terre, mais Corè a disparu. La tristesse de Démèter est si grande que toutes les fleurs se fanent et que

toute l'herbe du monde jaunit. Du haut de son ciel, Zeus se désole en voyant la terre desséchée.

> "Elle invective contre la terre entière,
> la traite d'ingrate,
> indigne du présent des moissons..."
> Ovide, *Métamorphoses,* V, 438-439, 474-475.

Hadès et Perséphone

Mais Zeus est juste, et il trouve une solution qui satisfait tout le monde : Corè s'appellera désormais Perséphone. Elle habitera sous la terre, avec son mari Hadès, que l'on appelle également Pluton le riche, aussi longtemps que l'hiver couvrira de gel les champs et les arbres.

Dès que le printemps fera tiédir l'air, elle pourra retrouver sa mère et aller avec elle saluer l'éclosion des fleurs.

Et il en sera ainsi à jamais.

"Durant un tiers de l'année,
dit Zeus, ta fille restera en bas,
dans les ténèbres denses ;
et deux tiers avec toi
et avec les autres immortels."
Hymnes homériques, II, 460, 463-465.

Dionysos

Quelque chose se passe sur l'Olympe : Dionysos, qui est resté jusqu'à présent bien tranquillement dans la cuisse de son père Zeus, a décidé de naître.

Au lieu de s'étonner de la façon dont naissent les dieux, mieux vaut les fêter.

Sur la terre, les étranges satyres, qui peuplent les forêts, sont contents, car Dionysos sera leur ami.

"Ô descendance de Zeus,
tu fus engendré par le père des hommes
et des dieux, loin des hommes,
à l'insu d'Héra aux bras blancs..."
Hymnes homériques, I, 1, 6-7.

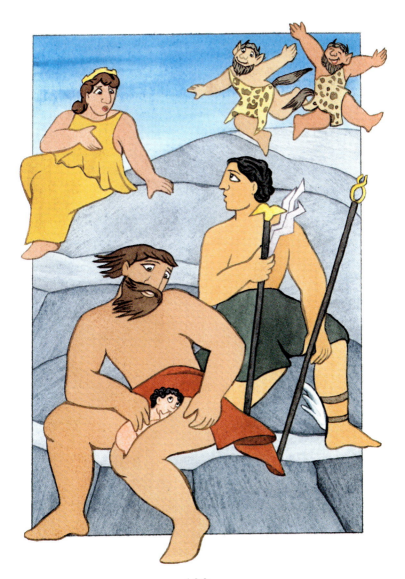

Satyres et nymphes

Dionysos enfant vit sur la terre avec les satyres et les nymphes des bois.

Les satyres et les nymphes connaissent toutes les façons de s'amuser et savent chanter toutes les chansons.

Silène est un peu trop gros pour jouer, mais il est très savant et il enseigne à Dionysos tous les secrets de la terre.

"Dionysos, couronné de lierre,
nourri par les nymphes aux belles chevelures
qui l'avaient reçu dans leurs bras du dieu son père..."
Hymnes homériques, XXVI, 1, 3-4.

La vigne

Dionysos est devenu grand, mais il continue à aimer vivre sur la terre avec ses amis. Tout le monde le connaît et a du plaisir à le rencontrer. En se promenant dans les vignes, Dionysos a fait une découverte : si l'on presse ces drôles de fruits, on obtient une boisson délicieuse.

Quand il en boit, il devient gai, quand il en boit trop, il perd la tête et il ne sait plus ce qu'il dit.

Alors les nymphes s'enfuient en pensant qu'il est devenu vraiment trop bizarre.

"Je te salue, ô Dionysos,
qui donnes des grappes abondantes,
concède-moi d'arriver allègrement
au retour de la saison
pendant de longues années encore."
Hymnes homériques, XXVI, 11-13.

Pan

Pan est un nouveau dieu. Lui aussi aime vivre sur la terre.

Quand Pan est né, sa jolie maman a pris peur, car il avait déjà une grande barbe, la queue, les cornes et les pieds d'un chevreau.

En revanche, son père Hermès, qui est très heureux d'avoir un fils aussi original, l'a présenté à tous les dieux de l'Olympe.

"Elle donna à Hermès un fils bien-aimé,
déjà monstrueux à voir,
pied fourchu, front cornu,
voix puissante, au doux sourire"
Hymnes homériques, XIX, 35-37.

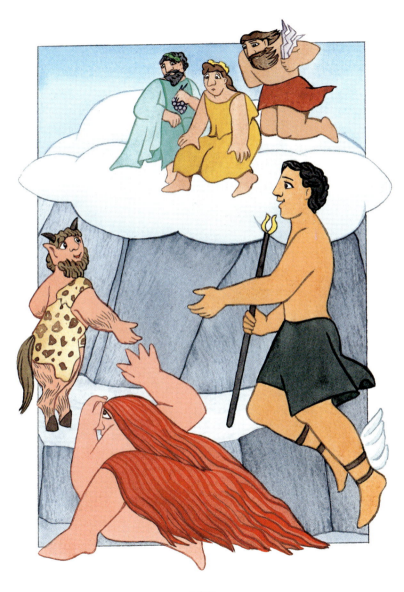

Syrinx

Pan a très bon caractère, mais, évidemment, ses cornes et sa queue ne plaisent pas à tout le monde. Aussi, lorsqu'il rencontre la gentille Syrinx et qu'il veut l'em-

brasser, elle ne songe qu'à s'enfuir. A bout de souffle, elle appelle à son secours Gaïa, car elle seule peut l'aider.

"La nymphe, s'enfuit à travers champs."
Ovide, *Métamorphoses,* I, 701.

137

La flûte

Pour cacher Syrinx épouvantée, Gaïa l'a transformée en un clin d'œil en un roseau flexible, semblable à tous les autres roseaux du rivage.

Le vent qui court au fil de l'eau siffle dans les roseaux des mélodies tendres.

Pan veut l'imiter, il coupe quelques roseaux et souffle dans son nouvel instrument.

Sur sa flûte, il joue une chanson d'amour pour Syrinx qui n'a pas voulu l'aimer.

> "Les roseaux, au souffle du vent,
> avaient rendu un son ténu,
> tout semblable à une plainte.
> C'est ainsi que mon entretien avec toi,
> avait dit Pan, se perpétuera."
> Ovide, *Métamorphoses,* I, 707-710.

Prométhée

Et l'histoire se poursuit. Cette fois, le grand Zeus n'a pas le beau rôle.

Prométhée, qui est fils de Titans, lui offre un succulent banquet. Toutefois, il demande à Zeus de choisir entre deux sacs en peau de bœuf, l'un contenant une viande exquise, et l'autre rien que des os à ronger.

Zeus choisit le plus gros, celui des os.

Prométhée rit de l'avidité de Zeus.

"Et Prométhée lui répondit
avec un léger sourire : Zeus très grand,
choisis donc de ces parts
celle que ton cœur t'indique..."
Hésiode, *Théogonie*, 546-549.

La punition

Grande est la colère de Zeus. Il déteste qu'on se moque de lui, et il veut punir Prométhée. Zeus sait que Prométhée est l'ami des hommes qui habitent en bas sur la terre, et c'est à eux qu'il ôte le feu.

Sans feu les hommes auront froid. Ils auront faim et peur.

Ainsi sera puni leur ami, Prométhée le moqueur.

"Zeus se vit dupé par Prométhée
aux pensers fourbes. De ce jour,
aux hommes il prépara de tristes soucis.
Il leur cacha le feu..."
Hésiode, *Les Travaux et les Jours,* 47-49.

Le feu

Mais Prométhée ne se résigne pas et vite, avant que Zeus ne s'en aperçoive, il vole une flamme du feu qui brille sur l'Olympe et il rend le feu aux hommes.

Tous les hommes sont reconnaissants à Prométhée.

Mais Zeus médite déjà une terrible vengeance pour punir celui qui ne veut jamais lui obéir.

"Et courroucé, Zeus lui dit :
Fils de Japet, tu ris d'avoir volé le feu
pour ton plus grand malheur,
à toi, comme aux hommes à naître..."
Hésiode, *Les Travaux et les Jours,* 54-56.

La vengeance

Pourquoi Zeus a-t-il demandé à Héphaïstos de modeler une statue d'argile ?
Aphrodite lui apprend à séduire et Hermès lui transmet la ruse.

Maintenant cette statue ouvre les yeux et devient une vraie femme.

> "Il commande alors à l'illustre Héphaïstos
> de former, à l'image des déesses immortelles,
> un beau corps aimable de vierge."
> Hésiode, *Les Travaux et les Jours,* 60-63.

Pandore

La statue, qui s'est mise à vivre, s'appelle Pandore. Zeus lui a offert un joli vase pour lui servir de boîte, tout en lui recommandant de ne jamais l'ouvrir.

Sans tarder, Hermès emmène la belle Pandore sur la terre. Aussitôt, Épiméthée veut l'épouser.

Prométhée, le frère d'Épiméthée, insiste pour qu'il renvoie Pandore sur l'Olympe, mais Épiméthée ne l'écoute pas.

"A cette femme, il donne le nom de Pandore.
Par elle, tous les habitants de l'Olympe font présent
du malheur aux hommes…"
Hésiode, *Les Travaux et les Jours,* 80-82

La boîte

Épiméthée n'a pas su résister au charme de Pandore, et Pandore, qui est curieuse, ne résiste pas à l'envie de savoir ce que contient le mystérieux vase que Zeus lui a donné.

Et Pandore l'a ouvert. Du vase sont sortis tous les malheurs, les maladies et les soucis, qui sont allés chez les hommes pour leur rendre la vie plus difficile. Seule est restée, au fond, l'Espérance.

C'est ainsi que Zeus s'est vengé.

"Mais la femme, enlevant de ses mains
le large couvercle de la jarre,
les dispersa par le monde et prépara
aux hommes de tristes soucis."
Hésiode, *Les Travaux et les Jours,* 94.

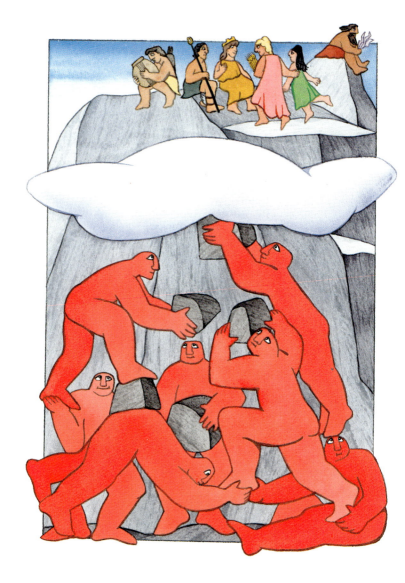

L'escalade

Tout le monde voudrait habiter sur l'Olympe, car c'est le plus bel endroit qui ait jamais existé.

Les Géants, nés il y a bien longtemps du sang d'Ouranos, ont décidé d'escalader l'Olympe parce qu'ils veulent, eux aussi, vivre comme des dieux.

De leurs grandes mains, les Géants arrachent les montagnes de la terre et les empilent les unes sur les autres pour monter tout là-haut, sur l'Olympe, au-delà du ciel.

"Et les Géants, dit-on,
prétendirent à la conquête du royaume céleste..."
Ovide, *Métamorphoses,* I, 152.

La Gigantomachie

Les Géants sont forts et sûrs d'eux, mais les dieux sont prêts à se défendre.

Les Géants leur lancent des pierres, et leurs cris retentissent dans tout l'univers. Les dieux ont des flèches, des lances, des boucliers, et des amis valeureux qui combattent à leur côté.

Les dieux ne craignent pas les terribles Géants qui sont arrivés tout là-haut après avoir escaladé les montagnes.

"Les Géants entassèrent montagnes sur montagnes jusqu'à la hauteur des astres. Alors le père tout-puissant lança la foudre..."
Ovide, *Métamorphoses,* I, 153-154.

La victoire

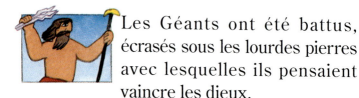 Les Géants ont été battus, écrasés sous les lourdes pierres avec lesquelles ils pensaient vaincre les dieux.

Désormais, les Géants ne font plus peur à personne, et personne ne pleurera sur leur

triste sort. Maintenant tout le monde sait qu'on ne peut pas défier les dieux.

"Ces corps monstrueux gisaient
écrasés sous la masse
entassée par leurs propres mains..."
Ovide, *Métamorphoses,* I, 156-157.

Le déluge

 Zeus a toujours beaucoup d'éclairs à lancer quand il veut déchaîner une belle tempête.
Et la mer de Poséidon est tout de suite prête à soulever ses vagues.

Pour obéir aux ordres des dieux, le ciel et la mer prennent les ténébreuses couleurs du déluge.

"Le frère de Jupiter, roi des flots azurés,
vient à son aide et lui apporte
le secours de ses eaux."
Ovide, *Métamorphoses,* I, 274-275.

Perplexité

Comme à cette époque les hommes ne savent pas aimer et honorer les dieux, Zeus veut noyer tous les habitants du monde.

Les hommes nouveaux, ceux qui naîtront plus tard, seront certainement meilleurs.

Les dieux ne sont pas tous d'accord avec Zeus, mais puisqu'il a décidé que le genre humain doit disparaître, le genre humain disparaîtra.

"Et pourtant, la perte du genre humain
est pour tous les dieux une vraie douleur."
Ovide, *Métamorphoses,* I, 244-246.

Deucalion et Pyrrha

 Il est épouvantable, le déluge que Zeus a déchaîné. Les vagues sont si agitées que même Poséidon ne sait plus où s'accrocher.

Tous les habitants de la terre ont été engloutis par les eaux.

Seuls un homme et une femme se sont sauvés et flottent au milieu de la mer. Lui, c'est Deucalion, le fils de Prométhée, et elle, c'est Pyrrha, la fille d'Épiméthée.

"Deucalion monté sur une frêle barque
avec celle qui partageait sa couche
aborde en ce point."
Ovide, *Métamorphoses,* I, 318-319.

Les pierres

Le déluge a enfin cessé. Deucalion et Pyrrha sont restés seuls sur terre.

Heureusement, des dieux amis expliquent aux deux survivants ce qu'il faut faire : ils devront lancer derrière eux les os de la terre. Comment cela ?

Ils devront ramasser les pierres qui se trouvent sur la terre et les lancer bien loin : de ces pierres naîtront des personnes avec des bras, des jambes et des yeux, toutes contentes d'habiter le monde.

"Les pierres lancées par les mains de l'homme
prirent la figure d'homme,
et des pierres lancées par les mains de la femme.
naquit de nouveau la femme."
Ovide, *Métamorphoses,* I, 411-413.

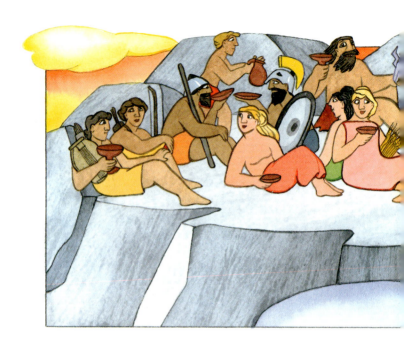

Le sourire des dieux

La paix règne enfin sur l'Olympe où tous les dieux sont rassemblés autour d'un banquet. Hébé et Ganymède courent parmi eux pour leur servir à boire.

Quand les dieux seront rassasiés, ils iront

se coucher dans leurs grands lits douillets. Et demain, l'extraordinaire histoire des dieux continuera...

"Le banquet dura tout le jour jusqu'au coucher du soleil.
Puis les dieux voulant dormir s'en retournèrent chez eux..."
Homère, *L'Iliade,* I, 601-606.

Table des matières

Préface	5	Hélios et Sélénè	60-61
Chaos	6-7	Zeus, seigneur du ciel	62-63
Erèbe, Nuit-Jour	8-9	Poséidon,	
Sommeil, Mort-Rêves	10-11	seigneur de la mer	64-65
Gaïa	12-13	Hadès, seigneur du	
Ouranos	14-15	monde souterrain	66-67
Pontos	16-17	Les Moires	68-69
Nérée	18-19	Le coucou	70-71
Les Titans	20-21	Le couple	72-73
Les Titanides	22-23	Arès	74-75
Les Cyclopes	24-25	Héphaïstos	76-77
La faux	26-27	Thétis	78-79
Cronos	28-29	La forge	80-81
L'embuscade	30-31	Héphaïstos	
Les Géants	32-33	et Aphrodite	82-83
Aphrodite	34-35	La trahison	84-85
Chypre	36-37	Le filet	86-87
Mariage	38-39	Hestia	88-89
Le dévoreur	40-41	Athèna	90-91
Zeus	42-43	Léto	92-93
La pierre	44-45	Délos	94-95
Amalthée	46-47	Les enfants	96-97
Les frères	48-49	Artémis	98-99
La Titanomachie	50-51	Apollon	100-101
Typhon	52-53	Hermès	102-103
La défaite	54-55	Les génisses	104-105
Atlas	56-57	La découverte	106-107
L'Olympe	58-59	Le jugement	108-109

La lyre	110-111	Prométhée	140-141
Les Muses	112-113	La punition	142-143
Amphitrite	114-115	Le feu	144-145
Le dauphin	116-117	La vengeance	146-147
Triton	118-119	Pandore	148-149
Démèter et Corè	120-121	La boîte	150-151
L'enlèvement	122-123	L'escalade	152-153
La sécheresse	124-125	La Gigantomachie	154-155
Hadès et Perséphone	126-127	La victoire	156-157
Dionysos	128-129	Le déluge	158-159
Satyres et nymphes	130-131	Perplexité	160-161
La vigne	132-133	Deucalion et Pyrrha	162-163
Pan	134-135	Les pierres	164-165
Syrinx	136-137	Le sourire des dieux	166-167
La flûte	138-139	Index	170-171-172

Index des noms cités

Les noms des dieux cités sont ceux de la mythologie grecque.
Les noms des dieux olympiens sont composés en gras.
Les noms en italique correspondent aux dieux de la mythologie romaine.

Amalthée **47**
Amphitrite **115,** 116, 119
Aphrodite - *Vénus* **34**, 37, 58, **83, 85,** 86, 146
Apollon 96, **100,** 104, 107, 108, 111, 112
Arès - *Mars* **85,** 86
Artémis - *Diane* 96, **98**
Athèna - *Minerve* **90**
Atlas **57**
Chaos **6,** 9, 11, 12
Chypre **37**
Corè/Perséphone - *Proserpine* **121,** 122, 124, **126**
Courètes 47
Cronos - *Saturne* **29,** 39, 40, 42, 45, 47, 48
Cyclopes **25,** 50
Deucalion **163,** 164
Délos **94**
Démèter - *Cérès* 58, **121,** 124
Dionysos - *Bacchus* **128,** 130, 133
Épiméthée 149, 150, 163
Érèbe **9**
Éros - *Cupidon* **12**
Gaïa - *Terre* **12,** 14, 16, 20, 22, 25, 26, 29, 30, 33, 42, 45, 52, 136, 139

Ganymède 166
Géants **33,** 153, 154, 156
Hadès - *Pluton* 58, **66,** 69, 122, **126**
Hébé 166
Hélios - *Soleil* **61,** 85, 86, 96
Héphaïstos - *Vulcain* **76,** 78, 81, **83,** 85, 86, 90, 146
Héra - *Junon* 58, 71, **72,** 76, 93
Hermès - *Mercure* **103,** 104, 107, 108, 111, 134, 146, 149
Hestia - *Vesta* 58, **89**
Jour **9,** 12, 30
Léto **93,** 94, 96
Maïa 103
Moires - *Parques* **69**
Mort **11**
Muses **112**
Nérée **19**
Néréides **19,** 115
Nuit **9,** 11, 12, 30
Nymphes **130,** 136
Olympe **58,** 71, 72, 76, 81, 89, 93, 108, 128, 134, 144, 149, 153, 166
Ouranos - *Ciel* **14,** 16, 19, 20, 22, 25, 26, 29, 30, 33, 34, 40, 50, 52, 153
Pan - *Sylvain* **134,** 136, 139
Pandore **149,** 150
Pontos **16,** 19
Poséidon - *Neptune* 58, **64,** 115, 116, 119, 159, 163
Prométhée **140,** 143, 144, 149, 163

Pyrrha **163,** 164
Rêves **11**
Rhéa - *Cybèle* **39,** 40, 42, 45, 47
Satyres **130**
Sélénè - *Lune* **61,** 85, 93, 96
Silène **130**
Sommeil **11,** 30
Syrinx **136,** 139
Thétis **78**
Titans **20,** 22, 25, 39, 52, 57, 93, 140
Titanides **22,** 25, 78
Triton **119**
Typhon **52**
Zeus - *Jupiter* **42,** 45, 47, 48, 50, 52, 54, 57, 58, **62,** 64, 71, 72, 76, 83, 89, 90, 93, 94, 100, 102, 108, 116, 119, 124, 126, 128, 140, 143, 144, 146, 149, 150, 159, 160, 163

Imprimé et relié par Oberthur
Loi 49956 du 16 juillet 1949 sur les
publications destinées à la jeunesse
Dépôt légal : mars 1991

N° éditeur : 1091
N° imprimeur : 11568
Imprimé en France